Jamie Es Autista

Aprendizaje de Una Manera Especial

Joan Ramirez

Publicado por J. L. Ramírez
Copyright 2018 por J. L. Ramírez
Publisher: J. L. Regen Enterprises

ISBN: 0998409928
ISBN-13:9780998409924

RECONOCIMIENTO

Este libro está dedicado a Cecile Regen, mi madre, quien me dio

el valor al triunfo sobre la adversidad y ganar.

J. L. Ramirez

INTRODUCCIÓN

Este libro fue escrito como resultado de mis experiencias en la enseñanza

de educación especial los niños, todos ellos son especiales, particularmente

aquellos que son estudiantes autistas. Te doy un aplauso por tratar.

No se detenga hasta llegar a la cima!.

Cuando Jamie Madison comenzó jardín de infantes, su mamá notó que ella era muy tímida alrededor de los otros niños. Ella pensaba que era porque Jamie perdió a su rutina diaria de fijación desayuno para papá, caminando a Robbie, el familia perro y ayudando a la señora Madison en el jardín. Jamie le gustaba rutinas. Le gustaba hacer lo mismo cada día.

Cuando Jamie comenzó primer grado, su maestra, Señora Smith, dijo que a la señora Madison que Jamie se sentó casi todo el día. Aunque sus compañeros le pidieron a unirse a ellos en el patio, Jamie continuó a leer en su alfombra en un rincón, solitario. Cuando uno de sus compañeros dijo Jamie que le gustaba su blusa, Jamie no darte las gracias. Se siente herido, la chica dijo que no jugaría con ella otra vez. En otra ocasión, cuando Jamie se le preguntó a Lee su diario de la mañana, mantuvo su cabeza hacia abajo La señora Smith tuvo que leer para

ella.

La señora Madison estaba preocupado de que tal vez uno de los niños dijo algo molestara Jamie. La señora Smith le dijo que Jamie fue amable pero no pareció interesada en estar con otros niños o unirse en proyectos de grupo

De hecho, las matemáticas fueron el único tema que excitó a Jamie. La señora Smith dijo que ella era capaz de sumar y restar más rápido que nadie en la clase. Mientras que otros encuentran difícil a contar hasta cincuenta, Jamie fue hasta cien! Sí, Jamie.

4+3=7

2X3= 6

MATH

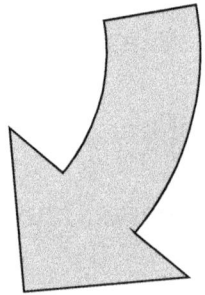

1+ 1= 2

Pocas semanas después de iniciado de la escuela, la señora Smith envió una nota casera que Jamie no gustó a los cambios en la rutina. Teme a su nuevo entorno en un viaje de clase, Jamie se quedó cerca de la señora Smith hasta el zoológico y la espalda. Ella lloró cuando uno de sus compañeros alcanzaron su mano.

Al día siguiente, cuando se le preguntó la clase para dibujar su favorito animal, uno de los niños accidentalmente derramó leche en escritorio de Jamie, causando un lápiz rodar en el piso. Jamie tenía otros lápices pero le dijo a la señora Smith que ella no podría dibujar porque sus lápices estaban fuera de servicio.

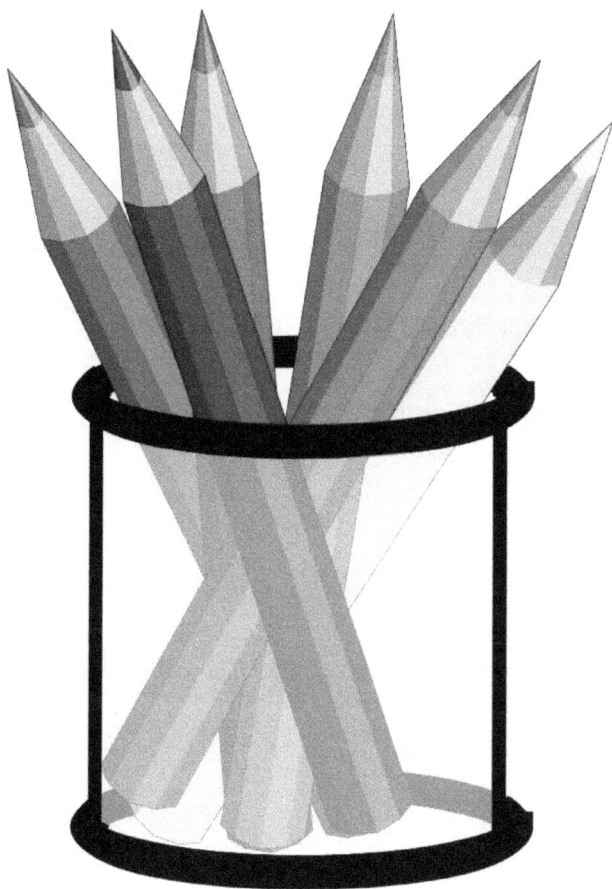

La señora Madison llevó a Jamie con el consejero escolar que sus preguntas y escribió muchas notas en una libreta. ¿Jamie le preguntó a la señora, "Soy una chica mala porque yo no leo tan rápido como los otros niños"?

"Por supuesto no, Jamie," contestó el consejero. . "Sólo queremos hacer seguro que aprendes mucho en la escuela".

"Bien", dijo Jamie.

El consejero dio a Jamie un libro llamado niños y autismo e invitó a Smith a leer junto a ella y la señora Madison. Jamie señaló una foto de un niño esperando en una fila del almuerzo en la cafetería. Él mantuvo cortar el hilo para moverse hacia el frente, frotando su estómago como se fue a lo largo.

Cuando se sentó con su bandeja de comida, no comió mucho. Los niños estaban enojados porque no debería haber empujado adelante. Parecía más interesado en agrupar su almuerzo por colores que comerlo.

"A veces, hago eso también", dijo Jamie

Jamie dio vuelta la página del libro Autismo. Ella miraba una chica que no quería compartir sus crayones y empezó a llorar cuando un compañero de clase agarró algunos fuera de su caja. ¿"Ves, Sra. Smith? Le gusta mantener sus cosas a sí misma también."

El consejero explicó que a veces otros niños hacen cosas que no son agradables, pero cuando eso ocurre, tenemos que mantener la calma y aprender a compartir — especialmente si no hay suficientes provisiones para todos.

Jamie

Jamie se refirió a otro foto de un niño durmiendo una siesta en la oficina de la enfermera. "También me canso y a veces tengo que poner mi cabeza".

"Yo sé", dijo la señora Smith. "Sólo significa que estás dando tu cerebro un descanso para que esté listo para recibir más información. Sin embargo, en el futuro, tal vez podrías ir a dormir un poco antes por la noche, así usted tendrá más energía en la clase."

"Está bien, lo intentaré," Jamie respondió.

"Es una buena cosa que te gustaría saber dónde estás y lo que viene, pero tienes que estar abierto al cambio, que también puede ser divertidas," dijo la señora Smith.

Jamie asintió con la cabeza. "No quiero sorpresas".

"Eso no es cierto", respondió la señora Madison. "Tu cumpleaños fue una sorpresa".

"Sí, pero usted me preguntó que quería invitar," dijo Jamie.

"Es cierto, pero papá y no le dije lo que le compramos un regalo", dijo la señora Madison.

Jamie dio a la señora Madison un gran abrazo. "Te amo, mamá porque me haces sentir especial."

"Usted es especial para nosotros también," contestó el consejero y la señora Smith. "Estamos aquí para asegurarse de que usted disfrute de la escuela y hace amigos".

Jamie había presionado el libro Autismo en su pecho.
"Mañana voy a ayudar a Jennie cuando vamos a clase de
arte. Ella es nueva en la escuela y no sabe manejarse".

La señora Madison guiñó Jamie. "Buena idea.
Recuerde, autismo describe una persona que hace las
cosas diferentemente, pero que pueden aprender, crecer y
cambiar."

Jamie le dio las pulgares señales y se dirigió a la
señora Smith. "ESTA BIEN. Autismo significa que
aprenda de una manera especial".

Smith, la señora Madison y el consejero aplaudían.

"Hurra por Jamie. ¡Eres especial!"

Joan Ramirez

Hoja de práctica

Pruebe estas con un compañero. Ayudarán a disfrutar la escuela y aprender con tus compañeros de clase.

1. Sociales situaciones

"¿Puedo sentarme con ustedes?"

"¿Puedes comer almuerzo conmigo?"

"Espero que tengas un feliz cumpleaños".

2. Saludos

"Hola, mi nombre es ___. ¿Qué es tuyo?

3. Juego

"¿Quieres jugar conmigo?"

4. Hacer peticiones

"¿Puede usted ayudarme con este problema de matemáticas?"

"¿Puedo ir al baño antes de empezar clases?"

"¿Cuánto tiempo tenemos que esperar en línea para obtener

nuestro almuerzo?"

<u>Sobre el autor:</u>

Joan Ramírez es un autor publicado de "Howie la rana" en Revista Batiburrillo. También es un periodista independiente y ha ganado un premio de un concurso de poesía adolescente en línea. Ella es autor de artículos que han aparecido en revistas. Además de ser miembro y crítico literario de la sociedad de niños libro escritores e ilustradores, es un licenciado educación especial/inglés como segundo idioma/primaria maestro de escuela y adjunto de la Universidad. Ha trabajado con muchos estudiantes como Jamie (K-12). También ha realizado talleres de alfabetización para niños en Vietnam, Sudáfrica y Costa Rica — por nombrar unos pocos. Joan tiene tres maestros: periodismo (médico, financiero y técnico), ESL, y educación especial/primaria.

Puede conectar con ella en línea en <u>writerjr1044@gmail.com</u> y también www.joansbookshelf.com

###